MW01443896

ANÓNIMOS CON NOMBRE

MICHELLE LÓPEZ

PORTADAS PR

ANÓNIMOS
con nombre

MICHELLE LÓPEZ

ANÓNIMOS CON NOMBRE
© MICHELLE LÓPEZ, 2023
© PORTADAS PR, 2023
TODOS LOS DERECHOS RESERVADOS. SAN JUAN, PUERTO RICO.

PRIMERA EDICIÓN: SEPTIEMBRE DE 2023
ISBN: 9798856839745

EDICIÓN: GLORIA M. TORO AGRAIT
CORRECCIÓN: ÁNGELA M. VALENTÍN
MAQUETACIÓN, DISEÑO DE INTERIOR Y CUBIERTA: LIZBETH ARROYO

NO SE PERMITE LA REPRODUCCIÓN TOTAL O PARCIAL DE ESTE LIBRO, NI SU INCORPORACIÓN A UN SISTEMA QUE LE PUEDA REPRODUCIR, O SER TRANSMITIDO EN ALGUNA FORMA O POR ALGÚN MEDIO ELECTRÓNICO, FOTOCOPIA, CINTA MAGNETOFÓNICA U OTRO, SIN PERMISO PREVIO DE LA EDITORIAL.

Para quienes necesitan del anonimato para pronunciar con fuerza su nombre.

DEL DICCIONARIO

Dice el diccionario
que anónimo es
que anónima es
secreto del que oculta su nombre

Pero entre ellos se conocen

Hace la soledad más tolerable

CÍRCULO DE LOS MARTES

En el sótano de la mueblería de Andrés
hay un círculo de sillas de aluminio y de plástico
esperando a ser ocupadas
a las 6 de la tarde
todos los martes

No siempre llega la misma gente
(no necesariamente porque falten
o decidan que ya están recuperados
Sino porque son diferentes círculos
que se encuentran para conversar
sobre el vicio que les aqueja)

Se toman turnos
los martes
cuando es extremadamente necesario
se reúnen, también, los jueves
mas, solo los martes deben hacerlo
para demostrarle a los suyos que lo están intentando
    que quieren ser personas diferentes
    a aquellas que viven dependientes
    algo que les brinda — que no— que no les brinda paz

NARCÓTICOS

El primer martes del mes
les toca el turno a los narcóticos
Es el grupo más grande
A veces, buscan más sillas para añadirlas al círculo
Una montaña de sillas descansa sobre la pared

SILLAS

Plástico
que aguanta
los pesares y las lágrimas
Algunas de aluminio
cubriéndose de moho
Soportan los cuerpos
que cargan el dolor
Esperan en un círculo
ser ocupadas
para recibir calor
Mientras tanto, son frías
como todo el que allí se siente

TESTIMONIO(S)

Más días, que menos, deseo
el cuerpo liviano
la cuerpa que flota
en una nube de colores
que tiernamente me recoge
dándome un lugar para dormir

Dormir sin dolor
sin cuentos que hieran
Mi mente vacía
sin nadie que diga
qué debe pensar
procesar
corregir

A veces soy fuerte
no caigo en la trampa
de querer refugiarme
en la eternidad

Más veces soy débil
me doblego a lo etéreo
sucumbo al suplicio
de ser inmortal

Aquí nadie me juzga
al contrario, asienten
Lo veo en sus ojos
    también quieren volar
        Dejarse ser libres
    flotar por los aires
    Entregarse al viaje
        ¿y parar?
            Nunca más

PEDRO

El que inicia
lleva limpio 22 años
Es voluntario en la comunidad
Ayuda a los indigentes de la ciudad
Limpia el parque de recreación
porque al Alcalde se le olvida
que en este pueblo vive gente

Pedro conoció su vicio cuando tenía 24
Atleta desde temprano
sufrió una terrible lesión

Fracturó su rodilla en un torneo
amistoso de vecindad
No sabe si es débil de espíritu
pero no aguantó
Así fue como conoció a su primer amor
Él la llamó Eva
probablemente por ser la primera
en quererlo tanto y quitarle el dolor

Estuvo como *zombie* por 8 largos años
Aparentando vivir como si nada
siempre quejándose de su suerte fatula
diciéndole al mundo que le dolía la rodilla
Convencido de que no había otra alternativa

Su madre lo internó en el hospital psiquiátrico de Río Piedras
una tarde, cuando llegó a visitarlo
y lo encontró sedado
No reconoció al hijo que en la cama había tirado
flaco
    desnutrido
             huesudo
                    dormido

Desde entonces, Pedro a Eva le llama Pepa
y no ha vuelto a besarla como aquella vez primera

PASAR LISTA

Llaman los nombres de los usuales integrantes
los viejos, los nuevos
los que a cada rato se ausentan
los que asisten todas las tardes

En la libreta delgada, color naranja
permanecen por escrito
aquellos que frecuentan ese espacio
pero en la sociedad permanecen ~~invisibles~~ en anonimato

Porque el que no sabe, no juzga
o al menos
a conciencia de menos hechos
se le hace difícil señalar

Solo en la libreta
en el llamado de sus nombres
reconocen brevemente
la realidad de su identidad

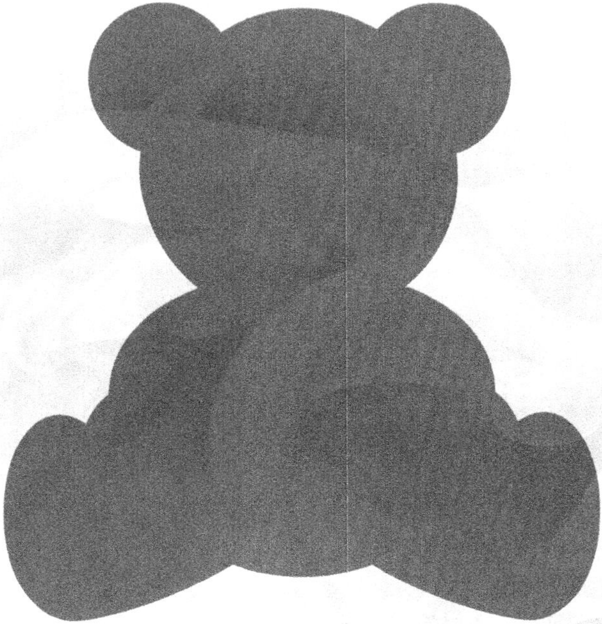

KITTY

A los 16, cualquier pequeñez
parece una calamidad gigante
desorbitante
traumante
¿Qué pasa cuando las pequeñeces
se convierten en grandes?
No porque se acumulen
sino, porque lo son
Sí, son gigantes
Nauseabundas
Ballenas blancas asesinas
que chapotean el excremento
y la contaminación en el mar del alma

Acaparan todo lo que es
lo que fue y
lo que será

No fue algo en específico
Fue una montaña de piedrecillas
la F en Precálculo
las 10 libras de más
el chico que no la ligaba
la infidelidad de Papá
la celulitis en los muslos
el toqueteo del *assistant coach*
las saliditas de Mamá
y sus llegadas borracha

la otra
el nene lindo que conoció
el embarazo de Mamá
las tardes sola en la casa
        para ligar
              para ser holgazana
                      para fornicar
el aborto de Mamá
las pastillitas de colores
        que el nene lindo
              que se convirtió en su novio
                      le dio a probar

Ya no son 16
Kitty ahora carga con 20
y en ese lapso de tiempo
entre una edad y la otra
ha sido adicta y
ha estado sobria

Llegó al sótano de Don Andrés
después de varias recaídas
Se lo recomendó una amiga
que perdió al hermano por mucho más
Kitty no se mete en problemas
pero la droga la está comiendo
        a ella y a su vida

Se sienta en la silla de aluminio
No hay mucha gente
Hoy es su primer día

VIRGILIO

Su nombre grita poesía
Es arte
ejemplo de buena literatura
Su cuerpo es el verso
que completa los poemas perdidos
de todas sus musas
Su voz es rima
aunque libre y no sofocada
Eso es
Aunque solo en su mente
porque Virgilio vaga
sin mover ni un dedo

«Es que la depresión y la muerte
son poesía
y nací para ser arte
Mi madre me nombró como tal»

Experimentaba desde joven
con el alcohol y el cigarrillo
en las fiestas de gente exótica
que eran sus amigos

Conoció a la *Mary Jane* en un silloncito
junto a un joven guapísimo

que le daba todo tipo de cosquillas en la barriga
Le dijo que se llamaba Dante
No era casualidad
Habían nacido para ser amantes
Fumaban juntos
Volaban
Tocaban fondo
Alzaban alas

Pasaban las horas entre risas
y ojos enrojecidos
Luego comenzaron a mezclar
«El Perco te va a hacer olvidar»
le dijo su compañero
Alcohol
    Humo
        Una dosis de Ernestina Figueroa
«Mi abuela», le dijo Dante,
«tiene más prescripciones de las que necesita
Ni se da cuenta...
cuando una se desaparece del estante»

Tragaron con lo quedaba de whiskey
Cayeron tendidos en el suelo
viendo todo
sintiendo nada
agarrados de mano

El perfecto poema
para dos seres desgraciados

Aunque conocer a Dante fue casualidad
perderlo no lo fue
Falleció una noche
Sobredosis de Percocet
Virgilio acudió a la dosis de Ernestina
para sanar la herida
pero no tenía los cojones, decía
para meterse a un punto
y conseguir lo que él sabía
era vida o muerte
aunque más muerte que vida

Vio el *ad* en un periódico
también por casualidad
Llegó un martes
después de juguetear
con la idea de la muerte autoinfligida

Quizá algún día pueda
convertirse en el poema
que su madre quería

COLORES

Translúcidos
No se ven
Se sienten

En frascos
que llevan tu nombre
Te llaman
Buscan formar un arcoiris

JOHNNY-BABY

El músico
El estereotipo andante
de quien vive su vida
bajo la cocaína y los sedantes

*Esta es para cuando estés
listo para dar cátedra frente a una tarima
Y esta para cuando no aguantes
los pies de tanto bailar allá arriba*

A los 26
todo parecía apuntar a una vida glamurosa
las mujeres
los hoteles
el alcohol
y otras drogas
El tiempo no se detiene
En todo momento se está encima de un escenario
sea gratis o sea pagando
y a Johnny le llovían los contratos

Desde hace años ha estado
en un sinnúmero de internados

*A la prensa le gustan tus recaídas
Les das de qué hablar
A la gente le gusta verte siendo humano*

cometiendo errores
Se sienten identificados

Al público le fascina inmortalizar al artista
Tildarlos de dioses
        Intocables
                Deseables
pero no tanto como disfrutan
humanizarlos
        para escupirlos
                sentirse más que ellos
Mira al Johnny-baby de nuevo
Estos artistas lo tienen todo
Mírame con nada y qué bien la llevo

Johnny se cansó
del ojo público
Tenía más deudas que éxitos
Ya no le alcanzaba
para internarse en un círculo con viejas
de las que se iban con él
por el dinero
        la fama
                el placer
Solo le alcanzó para un círculo
de otras caras
escondiéndose
igual que él
Una vez intentó cantar
pero lo mandaron a callar

NANCY

No saben si todos los círculos tienen
una madre postiza
pero el círculo de narcóticos
tiene a Nancy
que cariñosamente apodan
La Abuela

Es la que trae los *muffins* de *banana* con *chips*
La que le encanta preparar el cafecito
en la cafetera que donó Andrés
Recibe con un abrazo a los nuevos
Hoy abrazó a una niña de cabellos violetas
que no maullaba, pero tenía nombre de gatito

Tiene 67 años
Llegó al lugar gracias a su hija
que se percató del deterioro de su madre
después de la muerte de Harold
su esposo

Harold falleció de cáncer
un año antes de la primera reunión
Nancy no sabía que se podía
ser dependiente después de mayor
Eso le decía a su hija
cuando le insistía que no estaba bien

Pero su hija no entendía
a lo que se enfrentaba la madre
Ser el apoyo
de un hombre agonizante
al que por cuarenta años
amó con su vida
Ser su compañía
aún después del veredicto de muerte
y verlo consumido
por la maldita enfermedad
que en menos de un año
lo dejaba flaco
desvalido
como si no le hubiese quitado suficiente ya

Nancy detestaba verlo así
pero mantenía el temple por la sanidad de ambos...
y la de sus hijos que sufrían con ellos
la desmejora de su papá

Cuando Harold expiró
Nancy se lo esperaba
Sin embargo, aunque no le tomó por sorpresa
le afectó sobremanera

Se refugió en las pastillas
que la Dra. Patrickson le recetó
Tomando más dosis de las necesarias

inventando síntomas que no existían
engañando a la doctora
que por la viuda lástima sentía

Nancy ha mejorado
desde que llegó al círculo
Permanece
porque anhela
cuidar de alguien
ayudar a sanar
salvar de la desgracia
la que no pudo detener
la que tocó la puerta de su amado
la que la visitó inconsecuente
la que sigue interrumpiendo
la vida de tantos

A Nancy todavía le queda la esperanza

Le entregó un café
a la niña de los pelos violetas
Se sentó a su lado
le apretó el muslo
De nuevo jugaba
a ser madre y abuela

CAFETERA

Gota a gota
cae el agua hirviendo
mezclando con la harina
devolviendo sueños

Gota a gota
regalando aroma
algo que no sea
la humedad que se anida en el techo

Gota a gota
saben que el café está hecho
buscan el vasito
prueban sin… buscando …remedio

Gota a gota
Uniendo a un par de extraños
Que, aunque se conocen
no son amigos

ERIC

Lleva dos años asistiendo
Habla poco
Le gusta escuchar más que abrir la boca

Aquí no le obligan a expresarse
y por eso vuelve
También, a veces, comparten meriendas
Él no comparte nada con nadie
y estos intercambios le agradan

El chico callado
que no tiene mucha suerte con las chicas
de espejuelos
pelos rizos y alborotados
Al que llamaban marica
por tener la nariz estofada
en los libros
El estereotipo

Desde que la voz le comenzó a cambiar
[solo para quedarse corta]
desea ser otra persona
Ser un *Ladies Man*
Hacer orgulloso a Papá
[al papá que no existe]
Vive bajo el ala de la abuela
junto a la sombra

de su hermano mayor
que se salió de la escuela en noveno grado
para conseguir trabajo

«Eric, tú eres el de las buenas notas
Algún día nos sacarás a mí y a Mamá de esta miseria
Por ahora, a concentrarse en las ciencias»

Vivían bien
para un puesto en el supermercado
su hermano sabía darse lujos
Una noche, nunca más llegó a la casa
La abuela y Eric sobrevivían con el seguro social
Ella le decía
«Eric, tienes que estudiar»
Todo el mundo parecía saber qué era lo mejor para él
menos él mismo, aparentemente

La abuela vivía en dolor y constante silencio
Justo lo que a Eric le gustaba
Se encerraba en el sótano desde que entraba la tarde
y no salía hasta el próximo día
«Ya el próximo semestre vuelvo a la universidad, Mamá»
todavía le dice a la abuela
Le toma par de pastillas de la alacena
y se encierra en el sótano nuevamente

Se topó con el círculo
luego de buscar trabajo en la mueblería
Andrés lo contrató
Dice que está allí solo para asegurarse
de que todo marche como al jefe le gusta
Y a la abuela le dice que estudia de noche

Quizá

tal vez

quién sabe

puede ser que

mañana, se matricule
en el instituto al final de la calle

PASOS

I
Soy quien está detrás del volante
pero la vida tiene prendido el *cruise control*

II
¿Y si no creo que hay algo más arriba
que me pueda guiar por estas carreteras vacías?

III
Ya nada en mi vida es voluntad mía.
¿Quieres que prenda el *GPS*?
Entonces
lo prendo

IV
Le hago daño a Papi
invadiendo el otro carril de la carretera
mientras me enseña a manejar
Le hago daño a Abuela
echándole diesel cuando es gasolina
al carrito que me ha tratado de regalar

V
He robado
Me he comido el pare
He mentido
de mi infracción al oficial
Estoy preso   Quiero ser libre

VI

No sé si el *GPS* me puede ayudar a manejar
No tengo remedio…
Debo decirle
que lo voy a intentar

VII

GPS
    quiero
        llegar
          a
    este
lugar

VIII

Papi
Abuela
Rosy
Tía Elena
Mami
Boti

IX

Arreglé el radiador
Eché *coolant* nuevo
para que no se caliente
y esté a merced
de la calle

X

Ayer me comí un Pare.
Le pedí perdón a Mami
Entre lágrimas fugaces
me dijo que siempre me perdonaba
que era a mí --solo a mí--
a quien me tenía que
tener en cuenta.

XI

Antes de salir
siempre que llego
pienso en voz baja
(un día más
para aferrarme al mapa
para continuar con la meta)

XII

Mas que creer
que puedo hacerlo
es saber
que hay muchos más
que no estoy solo
Tantos con mi necesidad
de usar *GPS*
conociendo el lugar al que quieren llegar

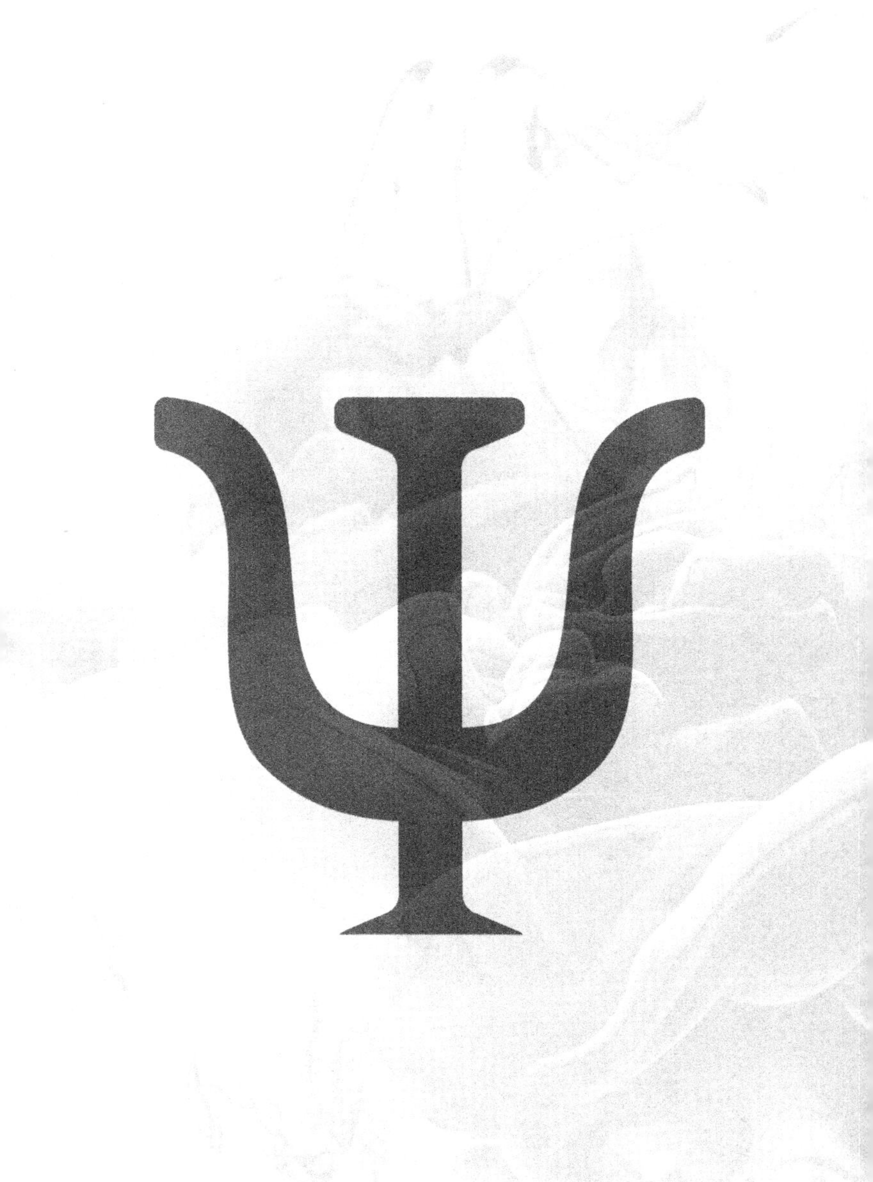

DR. CARABALLO

Paradoja
Ironía
Contradicción
Sátira
.
.
.

La lista es larga

Médico del año
(varias veces)
Psiquiatra reconocido
Entre los primeros 10 mejores del Caribe
Artículos dedicados
en periódicos y revistas

Una buena familia
Esposa dada
Hijos sobresalientes
¿Cómo se duerme con la presión
de llevar una vida «perfecta»?
¿Cómo se consigue tranquilidad
sabiendo que hoy
tienes que ser mejor que ayer
y mañana aún más?

Hay que sacarle partida a lo que se sabe
a lo que se estudia
Que la deuda milenaria no sea en vano
Que los años largos de residencia
no sean lanzados por la ventana
sin darle una probada
a lo que receta a otros tantos

Claro, aquí él no es un anónimo más
Aquí todos conocen su nombre
Saben dónde es su oficina
De su salida en la TV
en la nueva serie local
"Los Doctores en San Juan"
mientras se bebe una copa
de vino con otros colegas
y hablan mierda
que la gente quiere escuchar
sea saludablemente correcto o no

Obvio que nadie aquí sabe
que él también sufre del mismo mal que ellos
¿Cómo podrían?
Su carrera se vendría al suelo
Él no viene siempre
solo de vez en cuando
a disimular su estrato de buen samaritano

Da varias evaluaciones en privado
A veces lo invitan al círculo
y esta es la parte que más disfruta
para sentirse menos culpable
por su condición

Del privilegio que pisan sus zapatos
cuando caminan
Del huevón que no admite que está más perdido
porque al menos ellos
en su pequeño círculo
vacían sus corazones de manera honesta
Sirven de consuelo
y lo reciben de vuelta

Él solo se castiga
pretendiendo que le importa
la vida de estas personas
que ni sus nombres recuerda
Llenando su cabeza de ideas
sobre cómo él es diferente
Pobre Dr. Caraballo
se dice mientras escucha a la señora hablando
Pobre Julio Cara de Caballo
se llama por el nombre que
lo atormentaba en la intermedia

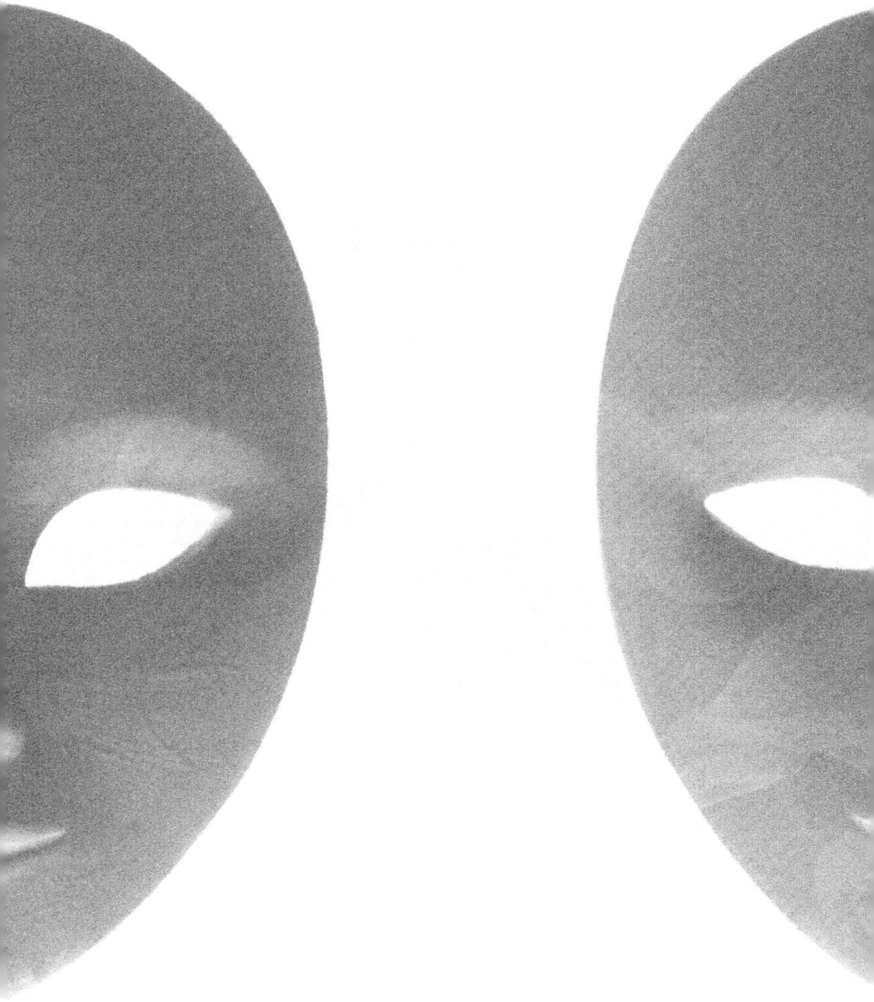

BRUNY

El estatus migratorio
que nadie conoce
que nadie sabe
solo tú que vives en la sombra
y eres doblemente anónima
en esta cueva
los martes de 6 a 8

Mientes sobre tu nombre
María
Lo más común por estos lares
Quién dudaría

Tienes un acento
te dicen
Asientes con la cabeza
Mis padres son haitianos

No eres adicta
¿Alguien más vivirá una doble vida como tú?
Es que necesitas un respiro
A pesar de que en la casa donde trabajas
dentro de todo
te tratan bien

Los conoces desde niña
cuando llegaste con tu madre

sin papeles y sin padre
Pero hay gente dentro de esas cuatro paredes
que quiere tratarte demasiado bien
Más melao de lo que te parece
con regalos
con halagos
pretendiendo que se cuele
uno que otro *favorcito*

No sabes cómo resistirlo
porque si no haces lo que quiere
«Te botan pal carajo»
Así te ha dicho

Tú
sin nombre
sin seguro social
huérfana
sin nada
No puedes ser más
        anónima que eso

Así
que escuchas con paciencia
los cuentos de otros
A ver si te ofrecen una pista
de cómo seguir siendo anónima
pero llevando una mejor doble vida

NOMBRES

Antes de nacer
el vientre que te engendra
decide por ti
lo que será tu vida entera

Se te escogen los gustos
los colores favoritos
los libros en tu librero
los juguetes en el piso

Se te pinta la pared
si tienes dicha de tener cuarto
Se te buscan mil nombres
para hacer juego con quién serás

Eres niña
Eres niño
Serás doctora, como tu papá
Serás ingeniero
Te gustará leer
Creativa, serás creativa

Rosa
Azul
Violeta
Vivirás una vida plena

No serás inquieta
No alzarás tu voz
Vas a ser como quiero yo

Así te llamarán
Por tu nombre, amigo mío
El que luego callarán
cuando no les sea conveniente

Porque quieren quererte
sin (tus) defectos
solo (tus) virtudes
Decir tu nombre
cuando sea gloria
no infierno

YOLANDA

En estos tiempos, ser madre no parece ser
lo que era ayer

Le exigen que las criaturas estén
bien cuidadas
nutridas
vestidas
bañadas
con buenas notas

La casa:
perfecta
limpia
la ropa lavada
el mapo pasado
la comida lista

Todo esto mientras lleva un trabajo
«No seas mantenida»
«¿Quieres tus cosas? Trabaja»

En las noches llega a la cama
toda desbaratada
¿Qué recibe de vuelta?
Más exigencias, cero halagos
Debe ser una máquina

¿Cómo duerme?
La arrebata el insomnio
No pega un ojo por más que lo intenta

Recurre
al bajo mundo en las redes
Capos cibernéticos
con la receta perfecta
para cerrar los ojos y poder escapar

Cien pesos no son nada
cuando a través de las redes puede comprar
Que le llegue a la casa
en un paquetito
rosita
De seguro el marido piensa
que es otro *kit* de maquillaje más
Y a decir verdad, sí, es maquillaje
Cubre de manera más certera
la cavidad que lleva por las ojeras
la flojera que siente
si no duerme una noche completa
el estrés y el dolor en los huesos
que la empujan a realizar una transacción más

FLUIDOS

Agua
Whiskey
Juguito de Toronja
Vodka
Cerveza
Limonada de fresa

No importa lo que esté dentro del vaso
si te ayuda a bajar
de este plano
a otro plano
Ser plano
Sin curvas
Sin dunas
Sin riscos
Evaporar
En aire
Gas
Nada

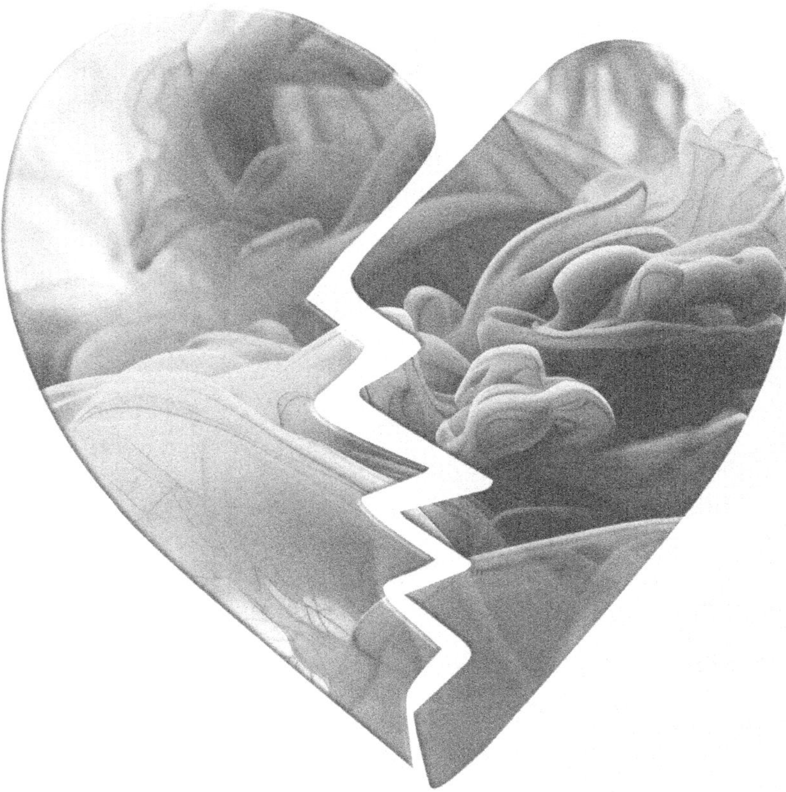

BETO

Cuando te dejan
duele más que cuando acabas con la relación
Eso le pasó a Beto

Una casa vacía
sin la mujer que le pelee
porque no lavó la trastera que ensució
Sin tres mocosos corriendo por todos lados
a gritos
jugando
Solo, embriagado en el recuerdo
de los que antes lo acompañaban

Había estado tratando de mejorar
Hasta a las pláticas todos los martes
comenzó a frecuentar
pero no fue suficiente
Nunca es suficiente
Porque se vive marcado
por un pasado, y, a veces
las manías vuelven

Un poco antes de que Keyla lo dejara
compró una yegua
El color le acordaba a la miel
que su mamá usaba en el té
a las tres de la tarde

Fue una compra impulsiva
Mil dólares que no tenía
Se gastó varias quincenas
y los ahorros de Keyla
sin que ella se diera cuenta

«No te basta con lo que te metes»
    le gritó ella
Él con los labios prensados
sentado en el banco cerca de la puerta
reprimió el puño
No quería explotar

«¡¿Qué mierda, Beto?!
¿A eso sales los martes, mentiroso de mierda?
Me tienes harta»
    le volvió a gritar
Él tenía la mirada fija en el suelo
No quiso mirarla
Su corazón era un globo a punto de reventar

«¿Es que tú no piensas en los nenes?
¿Cómo te gastas lo que no tenemos
en un caballo?»
    le dijo entre llanto
Él, la cabeza, giró despacio
Se perdió en sus ojos
Odia verla llorando

«Devuélvela. Véndela
Dame el dinero que me robaste»
reclamó enfurecida

Él no ha robado nada
Solo tomó prestado
Eso afloja un tornillo
y toma el puño formado
para encontrarse con ella
con su linda cara
sus lindos labios

Su boca, ahora, también, llora
esta vez, lágrimas rojas
ya no salen palabras
Ella sale corriendo
Beto piensa que lo ha logrado
En la noche mientras duerme
ella se marcha con sus tres hijos

Él se levanta
Sin Keyla
Sin los nenes
Sale al garaje a
encontrar la yegua
Encuentra un cadáver
¿Envenenada?
Deja salir varios gritos

Tiene deseos de matar a alguien

a sangre fría

Llega hasta la casa de la exsuegra
pero ahí Keyla no llegó
Sigue su camino hacia la reunión
Después de todo
hoy es martes
    (claro, después de la parada en casa de Lechuza
    que le fio varias píldoras
    y algo más)

Entra abrumado
con los ojos cansados
la lengua pesada
Dice, cuando le preguntan por qué ha llegado tarde,
que ha estado llorando
Su mujer lo dejó
No menciona la yegua
ni el billete que debe
ni los nudillos ensangrentados
ni el deseo que tiene
de desatar su furia

¿Qué le pasa al pendejo ese
que nunca habla?
El bobo que limpia
¿Por qué se me queda mirando?
¿Se cree mejor que yo?

Va a soltar el primer puño
pero cae desplomado a sus pies

RELOJ

Minuto a minuto
se escurren las horas
El tiempo se marcha
se esfuma, se espanta
En ocasiones, a las 6
los martes, se detiene
entre extraños
que buscan conseguir
cómo alargarlo
o recuperar los años
Aquellos que perdieron
sedados en el olvido
Aunque es corto el lapso
alcanzan a entregarse
en esas pocas horas
y el tiempo evadir

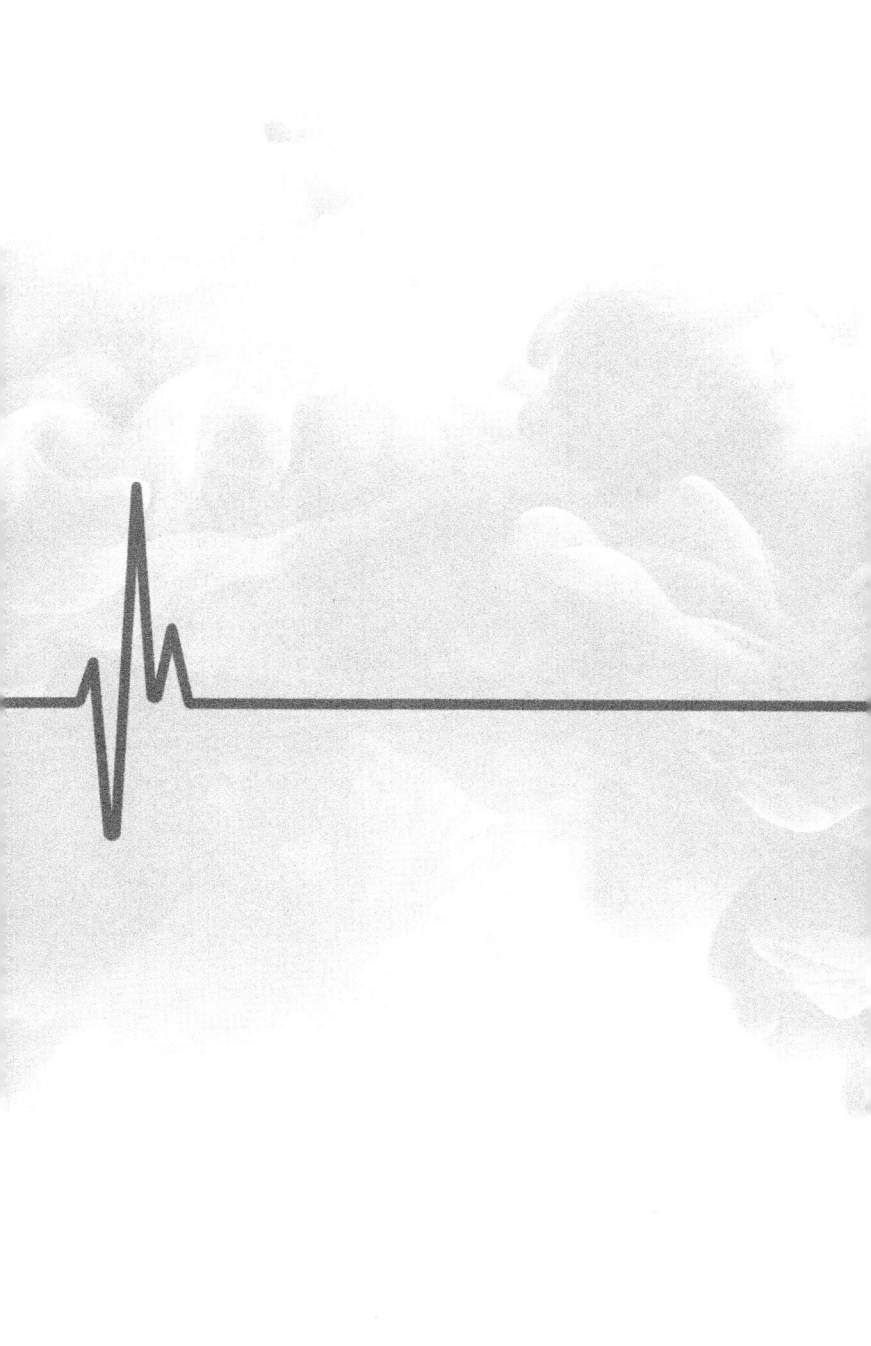

AMBULANCIA

Wi

Uuu

Wi

Uuu

En el tiempo que escuchan
la sirena sonar
se le pierden las palabras
de lo que quieren contar

¿Qué pasó? ¿Qué ha pasado?
¿Qué demonios se hace allá abajo?

Todos corren al ritmo
del biombo desesperante
como si esta escena
fuera una de baile

El doctor verifica
el pulso del hombre
El que descansa en el suelo
que ha causado el desorden

La Abuela reza
parada en una esquina
con la niña violeta a su lado
inquieta pero fija

Dile, Pedro, dile qué pasó
Él acaba de llegar
De la nada, se desplomó

El paramédico lo recoge
Se lo lleva en la camilla
Las luces dejan ciegos
a aquellos que las miran

Wi

    Uuu

        Wi

            Uuu

Se retira el sonido
con las luces prendidas
Deja un vacío
un silencio profundo
en el sótano de la mueblería

DON ANDRÉS

Los martes a las 6 de la tarde
visita a su hija
que vive encerrada
aferrada a un instante que cambió su vida

Acostada en una cama
solo mueve el iris de sus ojos
y le sonríe con la mirada
porque los labios hace tiempo no lo hacen

El padre decora
su cabeza menuda
con una gorra negra y la insignia de *Wonder Woman*
Don Andrés se sienta
en el sofá del lado
Abre el libro
Que los otros días permanece guardado

Comienza a leerle
a recitarle los versos pendientes
Ella permanece
El momento que espera de tarde en tarde

Se llama Julieta
La esposa de Andrés era *fan* de Shakespeare
Murió hace unos años
quizá por el llanto después del accidente

Julieta era libre
Gozaba danzar al ritmo del viento
El río y la playa
eran los escenarios perfectos

Un día Julieta
no pudo nadar
Mezcló con licores algunas cosas más
Bailaba, cantaba a todo pulmón
llegando a la piedra desde
donde al agua se lanzó
Resbaló
Su cuerpo cayó
por el precipicio de piedras calizas
punzantes
quita-vidas
Su cuerpo paró
encontrando el salado del agua
Gritaron aquellos que
con ella estaban
asegurándola muerta
pero a Julieta aún algo le quedaba

Don Andrés termina de leer
Cierra el libro tras de él
Le habla un rato
un monólogo, pues
Julieta lo mira, con sus ojos responde
Él le acaricia el rostro
Dispone a marcharse

Abre la puerta
y dice adiós con la mano
Recibe un mensaje de texto
«Pedro: Andrés, algo ha pasado»

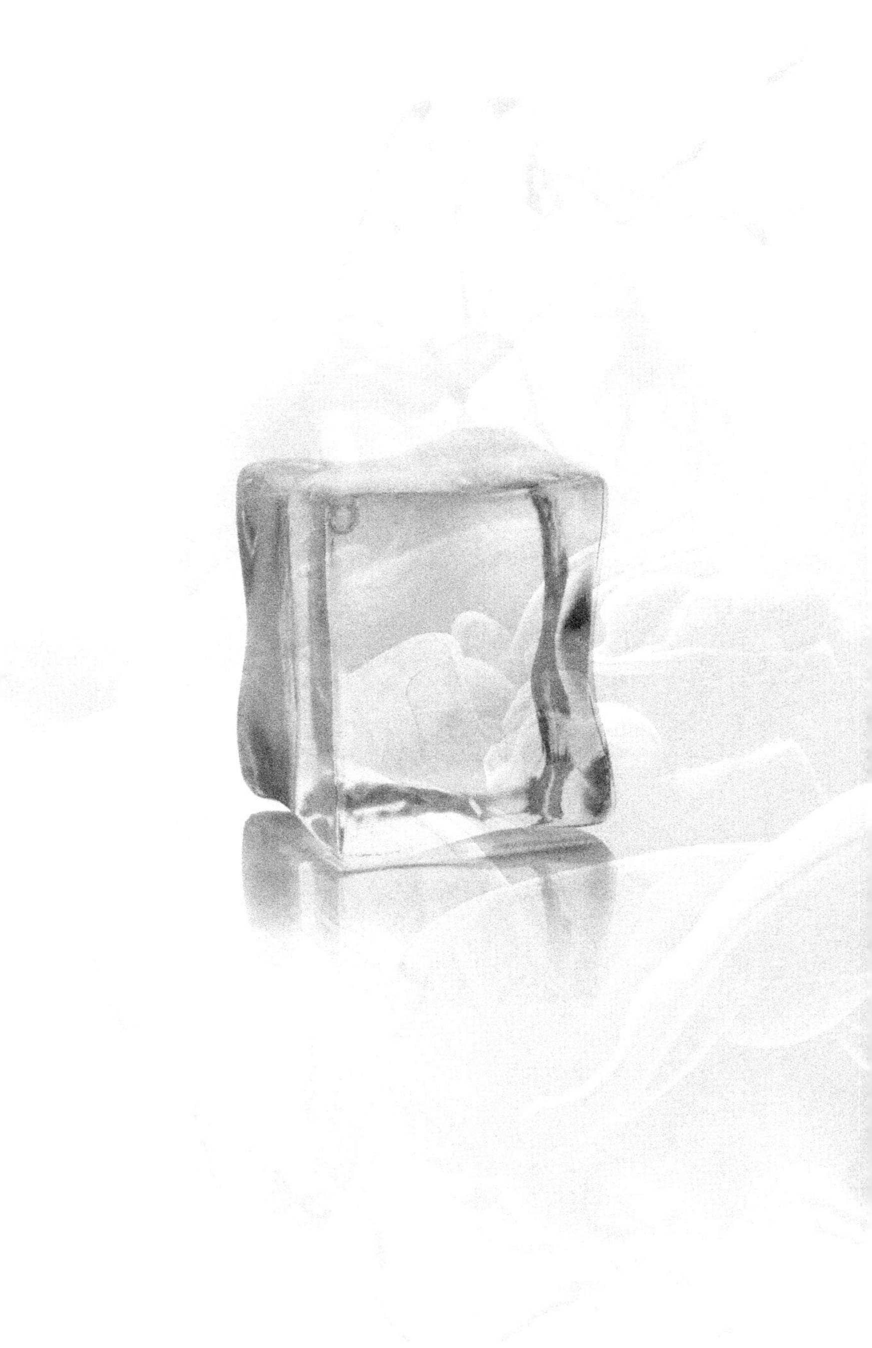

EN FRÍO

Témpanos de hielo
en mi estómago
Que se agitan
con dureza
No resisto
Dame a mí: urgente
el dulce que me alivia

Ya llevo varios días
sin tenerte, vida mía.
Primero, no dormía
por más que mis ojos cerrara
El cuerpo me dolía
Pedía a gritos recostarme
pero una vez lo hacía
en la cama
con los ojos abiertos
la cara sudada
el corazón con arritmia
permanecía

Y ahora este dolor
no lo aguanto
Quizá si por emergencias me asomo
No les digo de mi situación
Me dan un poco de morfina
para combatir
el hielo en mi barriga

Este hielo que quiere ser agua
Lo siento en la garganta
Corro hasta el lavabo
y me encierro
Ahora estoy tiritando
con la cara
mirando
el inodoro que me está llamando
y expulso
        el frío que tengo dentro

Esto es solo pasajero
Voy a ser caliente
como las playas de mi isla
en el verano ardiente
Voy a ser el sol
que da comida a las plantas
Voy a ser el calor
rompiendo en frío esta patraña

INCONSCIENTE

Sueños
Tenía
de los que se pintan los labios
con la boca reseca
para recitar la oratoria
que trabajé noche y día

Pesadillas
En eso se esfumaron los sueños
se ligaron con vainilla
para llamar mi atención
cuando quise despertar
era muy tarde ya

Monstruos
De los que vagan cuando estoy despierto
De los que irrumpen cuando estoy dormido

```
      12
   11     1
 10          2

9              3

 8           4
     7    5
        6
```

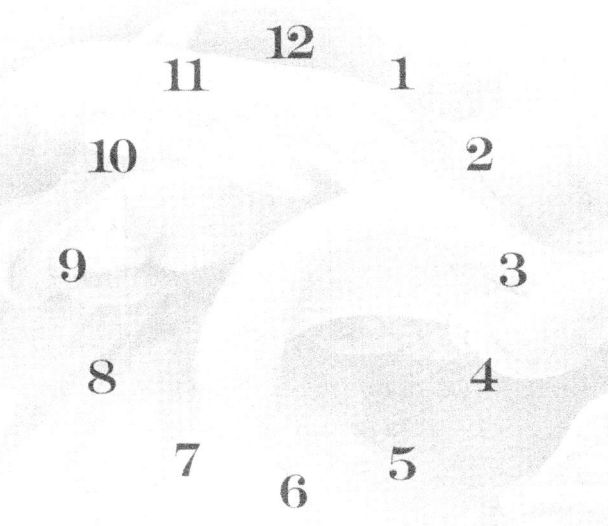

JUEVES

En el sótano de Andrés
hoy no hay un círculo de sillas
Hay un coro de pie
de canciones vacías

Cada uno
aguanta una vela con la llama prendida
En el fondo, la cafetera
se escucha encendida
El reloj y su tic-toc
irrumpen en el silencio
El que inicia traga saliva
Abre la boca para hablar
Tiene un taco en su garganta
La Abuela se da cuenta y
le sostiene la mano

Hoy el círculo
es encuentro de la tristeza profunda
Cada Anónimo llora
la pérdida de un compañero
que, aunque no el más carismático
tenía nombre
era Beto

Al menos en su pequeño grupo
pueden recordarlo como tal

Con sus logros y caídas
Con la carga en su espalda
Con la mujer que ya no tenía
y sus hijos huérfanos de padre
Aunque ellos no saben
de la totalidad de los hechos
Saben que se fue un hermano
y se ha ido siendo preso
de las pastillas
        que siendo tantas
        no han causado el mismo efecto
        que cuando era un hábito diario

Ahora solo queda el recuerdo
en este jueves de reuniones extraordinarias

PEDRO II

Recuerdo cuando llegó
Tenía tanto rencor
Decía que solo Keyla y los nenes
lo impulsaban a ser mejor
Ella se fue
quizá por eso se desesperó

KITTY II

Primer día
        de un suspiro a la muerte
¿Qué me esperan los otros
días que no conozco?
¿Tendré el alma cómo los que lloran
o cómo el hombre que ha muerto?

VIRGILIO II

Beto no era mi persona favorita
pero su muerte ha abierto
un agujero en mi pecho
Me recuerda a mi Dante
con su cara pálida
cuerpo frío
Todo se deshace en un instante

JOHNNY-BABY II

Si Beto fuera una canción
sería más ruido
menos lírica

NANCY II

Debí hablarle
a pesar de que me sacaba el cuerpo
Probablemente pedía a gritos
eso, un abrazo, un consuelo

ERIC II

Su última mirada
dirigida a mi persona
me atormenta por las noches
No quiero ser como ese hombre
Ayer me matriculé en el instituto
Tecnología de Redes
Hoy se lo digo a Mamá

DR. CARABALLO II

Nunca vengo dos veces corridas
Menos dos veces en una misma semana
Pero no podía ignorar la petición de Don Andrés
¿Cómo puedo dirigirme a este grupo de personas
que piensan que soy diferente a ellos?
Soy su espejo
Soy su reflejo

BRUNY II

Con o sin nombre
la vida es nada
En un soplo se desmorona

YOLANDA II

Por mis hijos
Porque nunca tengan
que enfrentar una escena
así tan cruda
cuando el destino de alguien más
le muestre la lección más dura

DON ANDRÉS II

Nunca estoy presente
mientras se reúnen
No soy quién para irrumpir
en lo que no me pertenece
Me pidieron que me quedara
como símbolo de aprecio

> *Usted, que nos da esto*
> *sin necesidad de hacerlo*

Pero mi necesidad es grande
    y no camina
        y no me habla

JULIETA

En un cuarto mayormente blanco
con una que otra enfermera
que la trata bien
que a veces conversan
Ella en esa cama
sin querer mover su cuerpo
Solo fueron las piernas, las que
se quedaron congeladas en el tiempo
pero ella congeló todo

Cuando se despierta con el ánimo
un poco mejorado
sabe que es martes
y sonríe todo el día para gastar
las sonrisas
antes de que llegue la visita

A él
solo le habla con los ojos
para no faltarle el respeto
porque ella no se perdona
haber caído en la trampa
de <<Un poquito más
No se es joven toda la vida>>
Aunque ahora los recuerdos son solamente
de esa juventud
¡Qué ironía!

Hoy despertó con el ánimo exaltado
aunque solo hayan pasado dos días
desde que vino su padre.
Escucha la puerta abrirse
Mira hacia ella sorprendida
Es Don Andrés que ha llegado
con la fachada de estar llorando
«Perdóname, hija»

Julieta no entiende
La enfermera entra
(la que siempre con ella conversa
como si fuera una amiga)
y le busca de ruedas, una silla
«Hoy vuelves a casa»

Julieta no puede no sonreír
Parece que ya no tendrá que esconder las sonrisas
Tal vez pronto pueda volver a hablar

PÉRDIDA

Se pierden los amigos
que te aconsejaban
que ahora se alejan

Se pierde la familia
aun la que sigue estando ahí
la que no puede con el recuerdo
de lo que ya no eres

Se pierden los amantes
los besos que te daban
hacer el amor sobrio
y solo de su olor embriagarte

Se pierde el dinero
que no se tiene
el de otros
el que haces

Se pierde el respeto
a la vida
a tus seres queridos
a ti mismo

Se pierde el pudor
por sentir en tu cuerpo
el caliente desierto

    correr por tus venas
    estallar el corazón

Se pierde el apetito
    ya no hay otra cosa que te alimente más
    el cuerpo
    el alma

Se pierden las noches
    estando despierto
    buscando en rincones
    aquello que anhelas

Se pierde el carro
    en un accidente
    donde sales ileso
    y por obra de Dios, quizá del Universo
    solo un árbol chocaste

Se pierden las ganas
    de hacer algo que no sea
    buscar un escape
    en la cama tirarte
    con un poco de oxy

Se pierden los nuevos amigos
    no porque se alejan
    por no querer estar contigo
    sino porque fallecen

en el intento de llevar
este estilo de vida
que también comparten

Se pierden las caricias
de alguien que te quiera
como sentías que te querían antes
Antes
cuando aun habiendo pérdidas
no parecían tan grandes

Se pierden los momentos
los que son importantes
de aquellas personitas
que buscan encontrarte
para que seas
un padre
una madre
un tío
una tía
un abuelo
una abuela
una figura estable

Se pierden los días
ya las noches no te dan
necesitas a todas horas
lo que toma el lugar de respirar

Se pierden los motivos
>   de salir de la cueva
>   de intentar recuperarte
>   esta enfermedad te come
>   y crees que no tienes escape

Se pierden las razones
>   las que enumeras
>   las de la mente
>   te sobran excusas

Te pierdes a ti mismo
A ti misma
>   Piensas que
>   siempre, sin serlo, eres
>   en lo que te convertiste al someterte al vicio

ANÓNIMOS

No solo somos anónimos
para que el de al lado no sepa
Es también una estrategia
de nosotros
del ego
Si escondemos esta faceta
solo en un día, en ciertas horas
nos desahogamos
a otros escuchamos
El resto del tiempo somos libres

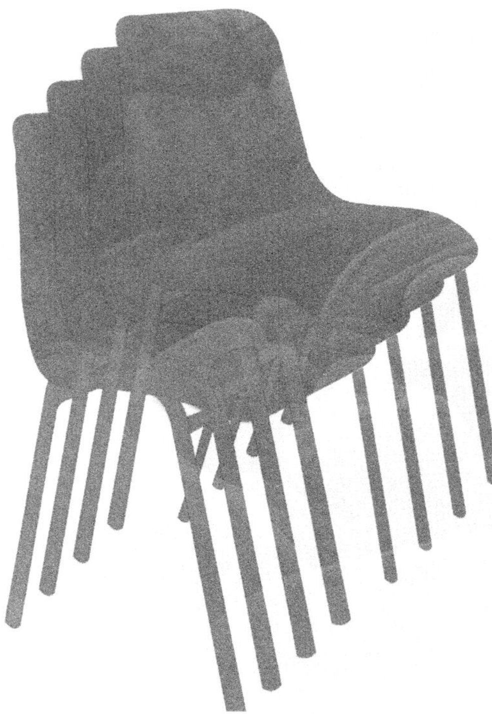

NARCÓTICOS II

La montaña de sillas descansando sobre la pared
recibe una nueva
Hasta el martes próximo
¿Da un mes para aliviar la pena
el luto
la pérdida
de lo que no se tuvo
y de lo que ya no es?

CARTA DE LA AUTORA

Las ideas llegan a media voz o con todo el ímpetu, pero llegan. Este libro llegó a mí como un manuscrito potencial gracias a una convocatoria de temas libres. En el verano de 2020, los anónimos cobraron vida y adquirieron nombre. Hay partes de nuestras vidas que gritamos a los cuatro vientos, pero otras que barremos bajo la alfombra y damos por concluida la limpieza. Este poemario pretende crear conversación en torno a los temas que se deshilan bajo los criterios: *voz y secreto*.

Doy las gracias a mi esposo, que me escuchó recitar los poemas a pesar de decir que le recordaba a Eminem de 2001 (no sabe que eso me emocionó más). También doy las gracias a las personas que sirvieron de lectoras beta (Mariely, Allison, Kathrine y Gloria) antes de que pasara a manos de mi editorial Portadas PR. Doy infinitas gracias a Liz por creer en este proyecto y no dejar estos poemas en el anonimato, y al equipo de edición que ayudó a que estos poemas alcanzaran todo su potencial. Por último, pero no menos importante, gracias a ti, lector. Sin ti, la poesía no es poesía y los libros no son más que árboles muertos. Me debo a ti. Nos vemos los martes y en la próxima reunión extraordinaria.

Michelle

OTRAS PUBLICACIONES POR
PORTADAS PR

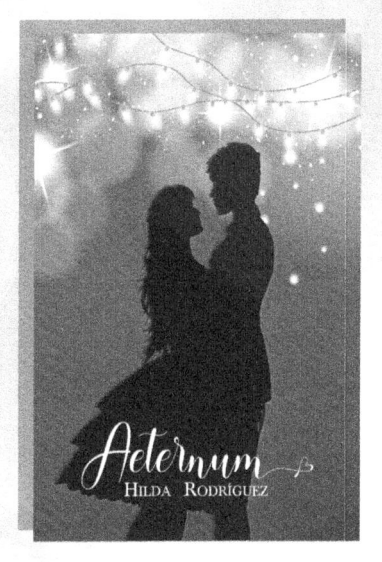

NOVELA

POEMARIO

Made in the USA
Middletown, DE
14 October 2023